CARNET DE ROUTE
Voyage en Afrique

ଔଓ

Poésie
Passionnément

CARNET DE ROUTE

Poèmes

La douceur des mots
Ne sera jamais un baume
Pour les souffrances de l'homme.

Georges Cocks

©2010
Cocks Georges
Tous droits réservés
Aucune reproduction même partielle ne peut être
faite sans l'autorisation de l'auteur.

Carnet de route

Le sable abonde partout comme de l'or,
La misère écrasante comme la chaleur dehors,
Des poissons, déposés sur le sable cuisant,
Brillent au soleil dans un reflet d'argent.

Autour, des pas dans le sable, des pas par milliers ;
Différents des autres paysages côtiers,
Des pas, sans aucune allégresse,
Des pas, dépourvus de toute paresse.

Des bateaux, encore chargés de sel et d'eau de mer
Se laissent traîner lourdement sur des cales de bois.
Ici, les seaux, remplacent les balances et les poids ;
Et le troc aussi substitue les billets verts.

Non loin, s'étendent d'immenses filets au sol,
Qui se répandent comme une nappe de pétrole.
Loin d'être une souillure, c'est d'une grande beauté,
Quelques hommes minuscules semblent les réparer.

Quelque part, sur un continent en péril,
Le courage ne connaît point d'exil.
Des enfants, quand vous, vous aviez leur âge,
Votre vie ne faisait point l'objet d'un gage.

La danse

Trente petits pieds noirs tout blancs,
Par la poussière que charrie le vent,
Dansent au son des instruments,
Des percussions, déchirant le firmament.

Comme un enfant qui vient de naître,
Nus ils se laissent paraître,
Sans honte, ils affichent un bien-être
Que rien ne peut faire disparaître.

Bustes penchés, fesses en arrière,
Ils martèlent le sol, fiers,
Comme le tam-tam aux mains de l'expert ;
Les petits Congolais dansent à leur manière.

Le forgeron

Sous un toit de tôle à forte inclinaison,
Un jeune forgeron, torse nu, pris en étau
Entre deux chaleurs, transpire comme un glaçon.
L'enclume s'enfonce à chaque coup de marteau.

Cette lourde massue lui taille le corps,
Les bras, les abdominaux et les pectoraux
Musclés, brillent et vibrent au prix de l'effort,
Tenailles aux poings, le fer battu semble avoir chaud.

La forge brûle, le soufflet entretient le feu,
Comme ce garçon qui entretient la flamme,
Un héritage qu'il ne compte pas mépriser
En mémoire de ses parents et aïeux ;
Il forgera toutes sortes d'outils et des lames,
Pour que sa descendance ait de quoi manger.

Le génocide

Des coups de feu, des balles qui pleuvent comme la mousson,
Et, partout des cadavres.
On cache les yeux des enfants pour ne pas regarder la mort en face ;
Tandis que les rebelles s'abreuvent de pots-de-vin,
Mais le sang n'étanche pas leur soif.
Alors, à coups de machette, ils massacrent leurs frères.
Les enfants Tutsis sont tués pour que s'éteigne la race ;
Plus un homme, ne doit respirer ni tenir debout.
Les étrangers sont évacués et l'armée s'est retirée,
Et de l'autre coté du monde on regarde la télé
On regarde comment ils vont se débrouiller.
Les images font le tour de la planète,
Mais dans l'univers personne ne semble s'en préoccuper.

Et parce que la peau de ceux qui meurent est noire
Les larmes ne font même pas semblant de couler.
On ne zappe plus, même si les enfants sont là ;
Ils admirent comment crèvent les *cafards**,
Ainsi qu'on traitait les Tutsis et ceux qui par malheur les protégeaient.

Des morts des milliers de morts
Sur les routes plus que les pierres
Dans les bois plus que les herbes.
Et jusque dans le lit des rivières
Où ils se sont endormis à tout jamais.

Chaque jour qui passe est une éternité de plus,
Chaque souffle est une chance de souffrir
Soit de voir mourir où se faire tuer.

*Terme qu'utilisaient les Hutus pour qualifier les Tutsis.

Le Tutsi qui est l'invenzi, c'est-à-dire " le cafard " à écraser à tout prix.

Le Niger

Sur le Niger, glisse une vielle pinasse
Qui s'enfuit comme un lâche sans laisser de trace ;
Tout doucement dans les eaux troubles du fleuve
Dont chaque voyage est une nouvelle épreuve.

Quelques femmes, debout dans le ventre d'une pirogue,
Coiffées de leurs lourdes charges, voguent
A travers les premières lueurs du matin
Pour vendre leur plus belle collection de fin lin.

Cachés dans les roseaux, des caïmans affamés
Guettent la maladresse, la fatalité,
Comme le sol aride levant les bras au ciel
Clamant le déluge providentiel.

Sur le Niger, glisse à travers les longs roseaux,
Une vielle pinasse qui frôle le niveau d'eau,
Comme le vent qui caresse les fleurs des champs
Et annonce le début d'un nouveau printemps.

Village au Malawi

Sous un grand arbre, les branches en éclair,
Un petit village, bien drôle à sa manière
Comme de petits donjons posés à même le sol,
Des toits de chaume pointus en guise de parasol.

Leur forme cylindrique suscite interrogation,
La mathématique est au centre de la question,
L'intelligence a peut-être son rôle à jouer,
Les secrets de la brousse ne sont jamais révélés.

Comme des fusées prêtent pour le décollage,
Le compte à rebours pour un autre voyage,
Que l'occident a du mal à apprécier
Les *Sommets* et la télé n'ont rien changé.

Les hauts d'Ethiopie

Dans la montagne timidement boisée,
Une petite case en chaume, ronde, lève le doigt,
Un sentier qui vient mourir devant le pas
D'un cadre de porte en paille éclatée.

Elle répond à l'appel de la solitude
Qui ne s'inquiète pas davantage ;
Elle pactise avec l'absence et l'habitude
Mélangeant le destin de tout le village.

Une femme, pipe à la bouche, col déchiré,
Porte un enfant, toujours nu, le ventre gros,
Les pieds, toujours blanchis par le sol desséché
On pourrait croire qu'il n'a pas faim, mais c'est faux.

Agrippé à sa mère, il s'accroche à la vie,
Un peu de vie qui s'envolera comme l'espoir,
Dans un an ou deux, si la saison des pluies
Ne rapporte pas l'essence du terroir.

L'école d'Erythrée
(Expression libre)

Trois pans de mur de terre,
Une fenêtre, une porte,
Un toit de paille où la lumière,
Regarde secrètement
Des enfants, assis sur des bancs de troncs
Posés entre deux crocs de bois.

Le sol est dur comme le béton
A force d'être piétiné,
La craie blanche sur le tableau noir,
S'accroche au mur comme un tableau d'art.
Les fesses endolories,
Les pieds *chaussés de crampes,* *
Reprennent les kilomètres de sentier
Qui les séparent du savoir.

Combien pourront arpenter les rues de la connaissance ?
Combien finiront finalement dans les champs ?
Car peut-être une mère, un frère, une sœur,
Se meurt du sida,
D'une façon ou d'une autre,
Il faut prendre soin de la famille.

* contraction musculaire douloureuse.

Femme au foyer de feu

Trois grandes jarres chargées de suie,
Posées au milieu de la cour
Sur de lourdes pierres blanchies,
Dont les flammes en font le tour.

Ces marmites en terre cuite,
Symbolisme d'une alliance,
Une vie que l'on mérite,
De la mort, une délivrance.

Une femme remue le mélange,
Un fils regarde comment faire,
Tandis que l'âge se venge,
Elle remue de ses bras de fer.

Le petit ravive le feu,
Les flammes rigolent et dansent,
Il sait que ce n'est pas un jeu,
Avec précaution,
Il se tient à distance.

La petite soudanaise
(Expression libre)

La présence d'une fleur blanche dans ses cheveux noirs, crépus,
Ne lui accorde même pas un brin de féminité,
On dirait un garçon,
Si, ce n'était pas ses deux petits seins bourgeonnants,
Cachés par l'ombre d'une branche de palmier.

Deux colliers :
Du vert, pour l'espoir d'un meilleur lendemain,
Il y aura certainement du pain,
Du bleu et du blanc,
Bleu pour la mer,
Pour l'évasion vers une autre terre,
Et blanc pour la paix,
Trop de guerres rendent la vie incertaine.
Comme si la faim
N'était pas, à elle déjà, une arme redoutable qui tapit le continent.

Eléphants du Sanaga
(Expression libre)

Au bord du fleuve Sanaga,
Un éléphanteau et sa mère,
Ressentent aussi la misère,
Même si à l'orée du bois,
Ils viennent de brouter quelques feuilles,
Et vont boire à cette eau grisâtre.

De deux, ils passent à quatre,
Le troupeau se tient en éveil,
Mais à cette période de l'année,
L'eau est aussi rare que l'or,
La sécheresse a tout balayé !
C'est la canicule dehors.

Retour de pêche

Sur le sable blanc de Mombasa,
Les pirogues, ont toutes le nez
Tourné vers l'océan narquois,
Qui use sa colère sur le sable mouillé.

La pêche charrie une folie de couleurs,
Des tuniques sur fond d'océan,
Dans le frais, le froid et l'odeur,
Et sur le sable du poisson blanc.

La mer regarde et reste au loin,
Rugit quelques vagues de colère
Inoffensives pour les marins,
Et derrière la brume légère,

Le soleil pâlit timidement.

La danseuse africaine
(Expression libre)

Sous sa peinture faciale, elle lance un cri de guerre,
Qui jaillit de sa petite bouche en forme d'œuf.
La blancheur de ses dents, autour de ses lèvres ébène,
Blanc comme l'ivoire qui détruit sa faune,
Sa langue en forme de petit cœur, fait battre le nôtre.

Ses yeux ;
Ah ! Ses petits yeux n'ont nulle branche où se poser,
Sinon dans les nôtres,
Pour voir sa grande beauté.

Sa peinture lui va à merveille,
Et ne peut à peine cacher sa beauté extrême.
Elle oublie un instant le monde,
Son monde,
Avec ses hauts et ses bas,
Son passé et son présent,
Ses douleurs, ses joies éphémères
Dont celle de la danse semble durer
Une éternité.

Le convoi du Sahel

Le ciel est magnifique jusqu'à la ligne d'horizon,
Là, où commence un autre monde moins poétique :
L'enfer, sans feu, sans eau, sans arbre ni saison,
Du sable, des cailloux, et des routes chaotiques.

Un collier de dromadaires cahote sur un sentier,
Il ne reste plus de trace au prochain passage,
Comme un funambule, ils marchent sur les pointes acérées,
Chargés comme une mule, de lourds paquetages.

A la tête, deux bédouins mènent la cadence,
Au rythme de la chaleur et la ténacité,
Sans boussole, quelques repères et la confiance,
Les bêtes ont une mémoire bien aiguisée.

Une oasis au travers de la route
Est un obstacle, préférable au mirage,
Le voyage agréable, qui mettra en déroute ;
La soif et la fatigue, ennemies sans partage.

Le dromadaire

Une halte bien méritée sous un petit arbrisseau
Dont l'ombre peut à peine cacher sa bosse sur le dos,
Sa couleur se confond avec le sable du désert,
Ses jambes, le protègent contre la chaleur de la terre.

Il attend, docilement, en ruminant quelques feuilles
Cueillies au dernier kilomètre dans une broussaille,
Des forces nouvelles, un dernier combat jusqu'à la ville ;
Une gorgée d'hydromel pour rendre le voyage plus facile.

Un village au Kenya

Quelques vaches broutent derrière le village,
Quel miracle ! Elles ont de la chair sur les os,
Pas pour longtemps, c'est la crise dans le pâturage
Depuis quelque temps il n'a plu une goutte d'eau.

Sur le village souffle un air d'abandon,
Quelques toits de chaume tombent déjà en ruines,
Une femme, discrète, comme un caméléon,
Se confond avec le mur et fait mauvaise mine ;

Un rayon de soleil vient de lui crever un œil.

Les dunes du Sahara
(Expression libre)

Quelle merveille ! Quelle beauté !
Ces montagnes d'or qui font peur,
Qui abritent la vie mais aussi la mort.

Quelle main agile a pu les façonner de la sorte ?

Leur architecte n'est nul autre que le vent,
Qui les taille, les sculpte dans une finesse inouïe,
Et quand deux flancs se rencontrent,
Ils nous font des saillies parfaites.

Tantôt rondes, comme le corps d'une femme,
Tantôt viriles, comme les muscles d'un colosse,
Elles roulent des vagues,
Et parfois elles viennent s'échouer,
Loin, très loin sous les tropiques
Dans l'arc des petites Antilles.

Les pas des chameaux,
Comme deux pas d'homme collés,
Plus nombreux que les pas des autos,
Dessinent des kilomètres de lignes
Qui ne résisteront pas longtemps
A la pression du temps.

Regards de femmes
(L'expression du regard de 5 femmes africaines)

Assurance.

Elle pense, elle est certaine, elle rassure.
Ses ornements lui confèrent un certain pouvoir,
Elle n'a pas peur, elle sait que la vie est dure,
Sans elle, il n'y a pas de vie, elle ose y croire.

Pessimisme.

Celle-là, a du mal à fixer l'avenir,
Elle tente le coup mais elle ne résiste pas.
Juste derrière ses pupilles, se dilate son sourire,
Elle a peur que le choléra frappe une nouvelle fois.

Optimisme.

La vie a changé son regard sur le présent,
Son visage est fatigué mais elle garde espoir
Comment trahir sa propre mère qui en mourant,
A vu ses enfants chaque jour rentrer du terroir.

Craintif.

Elle, elle n'affronte pas, le regard fuit toujours,
Il erre, il rêve, il se remet en question,
Il se cache il cherche toujours un recours
Derrière le mur, il se contente des affirmations.

Détresse.

Pour elle, la fin est toute proche, elle se hâte.
Son regard est aussi noir que ses yeux,
Elle veut en finir avant que *le temps ne se gâte,**
Elle laisse tomber, elle ne s'en remet plus à Dieu.

Note :
* il ne s'agit pas du phénomène météo mais des difficultés de la vie.

Echoppes dans les rues de Djibouti
(Expression libre)

Le marché de tissus africain est unique,
On n'y trouve que des couleurs d'Afrique
Des couleurs authentiques,
Des coloris magnifiques.
Comme un marché des saisons,
On peut presque sentir les couleurs,
Vives, comme le fruit de la passion,
Les oranges, la tomate et le cœur du melon.
Elles inspirent la joie et la gaieté,
Le comble des yeux,
Du toucher au porter,
Tunique, Boubou, Agbada, Baban Riga
Mboubeu, K'sa,
On s'y sent à l'aise,
Fait à la main, tisserand d'amour,
Le tissu africain vit
Et fait vivre celui qui le porte.

La saison des pluies

C'est la saison des pluies dans le pays,
L'herbe est verte, les rivières en crue,
Les barges sont sorties, les pirogues aussi,
C'est du jamais vu ! Des pluies aussi drues.

Une pinasse glisse doucement
Vers l'autre berge, où, s'amoncellent
Ceux qui pouvaient passer tranquillement
Sur le dos des pierres, lisses et fidèles.

Une famille se prend au jeu,
Une traversée pour quelques sous,
Le barreur peut être fier et heureux,
Il pourra s'offrir un autre boubou.

Etal de bouchers

Sous un long hangar de tôles rouillées,
Le marché de la viande vient de s'installer.
Quelques bêtes, ont perdu la vie à la tombée,
Couchées sur des morceaux de carton déchiré
Maintenant, elles s'en vont par kilo, en sachet,
Ou, simplement enveloppées dans du papier,
Le journal d'hier qui ne trouve pas d'intéressé
Maintenant maculé de sang, du péché.
Les mouches s'invitent à la festivité,
On ne les chasse plus à force d'y être habitué.
Des étals de toutes sortes, improvisés
Sur une pile de pierres inoccupées
Ou sur une vielle brouette modifiée.
Autour rôdent des chiens affamés,
Ils happent en plein vol la graisse d'un bélier
Dont il ne reste que les morceaux guère appréciés :
La tête, les pattes, si elles ne sont pas achetées
Serviront de don à la pauvreté.
A Ghana dès que la machette est aiguisée
On peut librement s'improviser boucher.

Les pilotis de Ganvié

Si la terre a disparu pour faire place à la planche,
Le chaume, est toujours là pour rappeler la précarité,
Des enfants, du haut des pilotis plongent et font la planche,
Dans les eaux troubles et confuses que règlent les marées.

D'autres, couchés sur le bord du vide les regardent,
Certainement, ils sont sous le coup de l'interdiction
Au bord du précipice, ils jouent et prennent garde,
Se satisfaisant de cette maigre consolation.

Les pirogues sont attachées au bas de l'échelle,
On ne peut quitter la maison sans leur assistance,
La marchande ambulante est là, elle vend sa bagatelle
Depuis sa pirogue, on y trouve même de l'essence.

Enfants d'Afrique
(Expression libre)

Ils sont nombreux, ce sont des millions.
Sans cesse, chaque jour, ils pleurent,
Mais nous, on reste sourds.
Combien d'entre eux ont déjà souri ?
Depuis les premiers cris de la vie.
Ils ne cessent de crier,
De crier le ventre vide,
De crier au secours,
De perdre la voix,
De tendre un bol vide,
Ils ne font pas l'aumône,
Ils ne veulent pas de nos pièces d'euros,
Juste un peu de riz,
Juste un peu d'eau.

Un squelette accroché à sa mère,
Ensemble, ils ne pèsent même pas trente kilos,
La tête toujours plus grosse, mais c'est normal ;
Ce n'est pas un handicap c'est le corps qui est mourrant, souffrant.
Certains cherchent un peu de joie,
En tenant dans leurs bras,
Une petite chèvre qu'ils ont vu naître,
Un membre de la famille qui finira au dîner,

A défaut d'avoir une peluche pour jouer,
Comme les autres enfants du monde.

Une cicatrice profonde lui sépare le visage,
Comme une symétrie, une médiane,
Un fossé profond,
En réalité c'est un coup de machette
Qui lui a fait cette chirurgie
Pour le moins pas esthétique.
Des kilomètres dans la brousse
Pour écrire sur une ardoise,
Pieds nus ou sandales déchirées, aucune différence,
La crainte d'un fauve tapi dans un buisson,
La proie n'a plus d'espèce, plus de nom.
Une situation à ne point négliger,
Nos enfants ont des passages protégés
Des bus scolaires et des limousines noires.

Plus loin,
Un nourrisson s'accroche à un sein,
Flasque et vide, même pas d'air,
La sensation de faim est coupée par la succion
Son ventre ballonné les yeux globuleux
Combien de jours pourra-t-il tenir ?
Comme cette petite fille grosse comme un chiot,
Sans force, traînant dans la poussière,
Accoudée sur ses os comme des pattes,
Des vautours guettant son dernier souffle
Pour se repaître de sa peau.

Ils n'en trouveront pas davantage,
Ils n'auront certainement pas le jabot rassasié,
Les autres charognards finiront la carcasse
Qui continuera de gémir doucement.

C'est une photographie de Kevin Carter
Qui a fait le tour du monde dans les journaux
Mais les choses n'ont pas changé
Le Soudan est un charnier à ciel ouvert
Là-bas les enfants ne sont pas forts comme Kirikou.
Ils ne se battent pas contre une sorcière,
Mais contre la méchante misère.

Retour de pêche

Une barque, faite de planches ordinaires,
Rentre de la mer avec à son bord, de l'eau
Et quelques minuscules poissons argentés,
Plus d'eau, plus de temps passé à écoper
Les hommes s'interrogent sur la qualité des eaux
Terre et mer, ne jouent plus leur rôle de nourricières.

Il y a, à peine, de quoi vendre au marché,
Il faut aussi penser aux mets de la table,
Un dilemme entre la bourse et la vie,
Demain, on tentera une nouvelle sortie,
La situation devient plus misérable
Les prises abondent dans leur rareté.

Le partage se fait équitablement,
Sans un mot, le regard porté sur la mer,
Les enfants seront fiers de voir la prise du jour,
Comme une star, escortée à l'arrière cour,
Il ne peut cacher son visage amer,
Fatou, ne viendra pas voir sur le moment,

Elle n'enfoncera pas le clou sur le champ,
Elle fera preuve de discernement.

Le buffle d'Afrique
(Expression libre)

Le roi du pâturage se permet une pause,
Ses magnifiques cornes parfaitement recourbées,
Lui donnent une certaine élégance qui fait oublier,
Les coups violents qu'il est capable d'asséner.
Il rumine quelques brins d'herbes fraîches,
Qui pendent à sa gueule comme une vielle pipe,
Couché dans les herbes hautes, le vent dans la face
Lui fait cligner de l'œil constamment.
Son manteau de Prada noir reflète les rayons du soleil,
Comme un silex qui brille dans une pierre millénaire.
L'appel de l'instinct se fait entendre,
Il se lève doucement.
La grande migration va commencer,
La quête de terres fertiles, de nouveaux pâturages,
Va conduire le troupeau à travers les défis,
Les dangers et les situations difficiles.
Les destins de l'homme et de l'animal convergent là,
Où la vie, prise de faiblesse, devient précaire et fragile.

Coucher de soleil

Le ciel s'embrase d'un rouge feu
Sous le regard d'une famille éléphant,
Ce sont les derniers à boire de ce *vieux,**
La bouteille se vide lentement.

Derrière la colline, l'herbe sèche
Est soulagée par la rosée ;
Deux chasseurs armés de lances et flèches,
Vont chasser l'ivoire tant désiré.

Les mastodontes tentent de protéger
Un futur orphelin qui, grandira
Avec la phobie de voir pousser,
Des défenses qui le condamneront.

* image poétique du lac qui prend la couleur du ciel rouge comme l'alcool vieilli. La bouteille pour le lac qui perd son volume d'eau

L'enfant lion

Derrière la haute broussaille dans la chaleur torride,
On dirait qu'un oiseau piaille posé sur le sol aride,
Ça pourrait être une caille mais dans cette région,
On oublie un détail : les savanes sont pleines de lions.

Quel oiseau moqueur qui savait crier et aussi pleurer ?
Ni ici, ni ailleurs, mes ancêtres n'ont entendu parler
J'en ai vu des coureurs qui se faisaient toujours attraper,
Peut-être, était-ce une erreur, voyons si je me suis trompé.

Une fleur d'herbe accrochée à une tige recourbée,
Frôlait son visage séché se faisant ainsi chatouiller,
Il avait les poings fermés sur une feuille d'herbe de Guinée,
Il pouvait se couper et par les lions se faire dévorer.

Dans ses tout petits yeux bleus, il avait un trait d'animal,
Un félin courageux, qui n'a pas peur des danses tribales,
Le clan, est tout heureux, on lui donne une peau de chacal

Et dans le creux de sa main, une dent, taillée dans l'opale.

L'enfant blanc est un mâle et le sang de ses veines est noir,
Sur la basse plaine équatoriale il protège l'ivoire,
L'enfant blanc est un mâle et il est salué comme l'espoir
Sur la basse plaine équatoriale l'enfant lion a tout pouvoir.

Marché aux légumes

Les marchés d'Afrique ont tous la même toile de fond :
Une terre aride, rouge et poussiéreuse,
Et, au-dessus des turbans, un soleil de plomb
Qui flétrit rapidement, une cueillette peu gracieuse.

Comme une école, les étals sont disposés en rang
Séparés au milieu par un large couloir,
Sur le marché, le maître de classe ce sont les chalands,
Les élèves quant à eux ont bien appris leurs devoirs,
Ils les récitent en criant sans faire de phrases,
Juste le nom d'un fruit, d'un légume et son prix,
Une pesée, ou pour les trop petits un dosage
Une mesure équilibrée dans un pot en fer gris.

Certains se font à même le sol sur un vieux sac
En toile ou en ciré sous les grands arbres
Qui bordent les chemins, où des petits macaques,
Pillent tout, ils n'ont pas peur, ils n'ont pas le trac.

Le lac Assal

Une femme bêche à la pioche le sol blanc,
Comme une grosse poule qui picore des grains,
Il ne neige pas en Afrique et pourtant,
Est-ce la manne que nous envoie encore le Divin ?

Non loin, déjà, quelques sacs s'arc-boutent,
Comme cette femme qui se repose quelque fois
Sur le manche brûlant, la fatigue, le doute,
S'emparent d'elle, mais ne trouvent pas la proie.

Le fer est rouillé, le corps aussi est rongé,
Par le sel, le même qui fait le délice de nos plats,
Celui qui use les souliers et les ongles du pied,
Et dont la monnaie d'échange ne suffit pas.

Quelques hommes, essayent d'arracher à la terre,
Une plaque de sel à la force des bras,
A l'aide de maigres bâtons austères,
Ils ne désespèrent pas, ils auront ce combat.

Si ses eaux turquoise appâtent les voyageurs,
On ne peut pas en dire autant de la chaleur,
Qui rend encore plus difficile le labeur,
Et la sueur dans laquelle baignent les mineurs.

Le baobab

Au pied d'un baobab, deux cases, déjà minuscules,
Disparaissent comme une tâche au crépuscule.
Il semble les protéger, chacune à ses côtés,
Par ses grosses branches complètement desséchées.

L'ombre de son tronc peut accueillir tout le village,
Mais aussi les fêtes et les innombrables visages,
Qui s'abaissent quelquefois au ras de la poussière
Pour lui faire monter des chants de louange et des prières.

Des générations se succèdent sans le voir mourir,
Il est généreux et de son fruit on peut se nourrir,
Les hommes et les singes sont fiers de sa longévité,
Jamais ils ne doutent de sa grande fidélité.

On raconte qu'un esprit proposa aux animaux de planter,
Mais la hyène s'attarda sur une carcasse déshydratée ;
On lui donna le dernier arbre comme elle était la dernière,
Elle était si furieuse qu'elle le planta à l'envers.

On dit aussi que c'est Dieu lui-même qui le planta ainsi
Après l'avoir planté près d'un bassin à Ruwenzori
Il s'y plaint une nouvelle fois au Congo d'humidité,
Irrité, Dieu l'arracha et l'envoya sans regarder,
Dans une contrée sèche, à l'envers il atterrit.

L'eau
(Expression libre)

L'eau,
D'après ce que l'on dit c'est la vie,
Mais en Afrique c'est un fléau,
Et c'est plutôt la mort.
Les visages assoiffés
Se fendent comme les crevasses
Qui cernent lacs et rivières desséchés.
On parle de pluie, comme on parle d'argent,
C'est d'une telle rareté
Que c'est un miracle,
Quand elle ose tomber.

Quand l'eau ne manque pas,
Les hommes sont forts,
Les femmes travaillent,
Les enfants sont heureux,
Même s'ils manquent de vêtements
Ils s'amusent,
Ils oublient la douleur,
L'eau est une amie,
Et l'amie, de leurs amis.

Là, où ne tombe que le soleil,
Parce qu'il se lève ;

Se rapproche chaque jour,
Inéluctablement du Sahel,
Bientôt, le vent,
N'enfouira pas seulement des crânes avec deux cornes.

Après l'orage
(Expression libre)

Quelques nuages filtrent encore les rayons du soleil,
Quatre pirogues remplies d'eau, se noient
Dans les hautes herbes marécageuses
Au bord d'un fleuve en crue.
Elles ont l'air abandonnées,
Quittées précipitamment pour fuir un déluge.
Une sandale flotte dans l'une d'elles
Et dérive au gré du vent,
Dans un ballet incessant.
Les pagaies, trop lourdes,
Coulent à pic,
Un bol, un plat,
Les restes d'un repas,
Les choses ont dû être sérieuses.
Cela peut sembler pittoresque
Un orage en Afrique,
L'Afrique est merveilleuse
Elle se laisse voir,
Si on veut seulement ouvrir les yeux,
Et regarder le beau temps.

Kibéra le plus grand bidonville d'Afrique
(Expression libre)

Entassés dans une chaleur étouffante le jour,
Et des nuits glaciales,
Criminalité, violence, insalubrité, promiscuité,
Pauvreté, maladie, alcoolisme, drogue, viols,
Misère, SIDA, corruption, meurtres….
Sont devenus des amis, des alliés, des ennemis,
Un quotidien, une banalité pour les enfants.
Ils grandiront comme si tout est normal,
Qu'il y a un saint pour toutes les calamités
Mais le plus fort de tous,
C'est celui qui sait prendre la vie
Et rapporter gros.
Quelques hommes, que la *shanga** a presque fini d'achever,
Et qui peuvent à peine marcher
Continuent quand même de boire.
Dans les grandes tours au-dessus des cases de tôle,
Quelques-uns sont partis à la recherche d'un travail d'un jour,
Qui leur permettra de survivre un jour de plus.
Les enfants errent et s'amusent dans un dédale de ruelles boueuses et remplies de déchets.
L'odeur est forte, presque corrosive,
L'atmosphère est lourde,
Mais, quelques ondes positives

S'accrochent ça et là,
Aux antennes de la vie.
Un grand sourire d'enfant, une école,
Où s'échappent des voix angéliques,
Un petit garçon fin et habile,
Porte les couleurs du Brésil,
Il a un espoir au fond du cœur :
Fuir, échapper à la ville,
Porter un maillot et aussi le bon numéro.

*alcool fabriqué à base d'acide de batterie, d'eau des égouts, et de sucre.

Masques au marché de Bamako

Ces masques qui vous donnent la trouille
Comme l'ombre d'une gargouille,
Qui vous regardent les yeux fermés,
Qui vous parlent sans murmurer.

On ne sait pas trop comment les apprécier,
Les plus beaux portent quand même la laideur,
Est-ce une divinité ou un sorcier ?
Ou peut-être, un simple guérisseur.

Rares sont les passants qui prennent possession,
De ces façades simiesques et arabesques,
Pourvues de cornes pointues, au nez très long,
Une apparence pour le moins diabolique.

Tempête de sable

Le ciel et la terre se confondent
Quand le vent se lève sur ce monde.
On ne distingue plus rien,
Personne, pas même un chien,
Il n'y a pas de près,
Il n'y a pas de loin,
Toutes les choses sont comme le sable,
Un moment difficile mais inoubliable.
Quelquefois il faut recommencer à zéro,
Un nouveau départ de trop.
Le monstre fonce comme une avalanche,
Plus haut qu'un tsunami sur sa planche,
La ville disparaît, puis réapparaît,
Un fantôme, un lépreux,
Les cultures ont le plus souffert ;
Un homme puis deux,
On vérifie ses biens et son affaire.
L'âme en prise à la déréliction
Se ressaisit, affronte la situation.
Il vaut mieux encore être en vie
Que d'infliger larmes et cris,
Désespoir et fatalité,
A ceux qui viennent de se relever.

La ville imprenable (les gratte ciel de Durban)
(Expression libre)

Assis sur un bollard, il regarde la ville au loin.
Il se pose des questions qui restent sans réponse,
Il se fait des réponses qui n'avaient aucune question,
C'est comme un rêve, un autre mirage,
Il aurait du rester dans le désert
Car la mort avait une raison,
Ici la mort est douloureuse,
Elle est lente, patente,
Cruellement morale.
Cette ville qui ne veut pas de nous,
On espère un jour,
Franchir les frontières,
Prendre un ascenseur
Et regarder le monde,
Comme Dieu
Pour une fois,
Regarder plus bas que ses pieds,
Dans ces baies transparentes,
Où un gigolo joue les acrobates
Dans une nacelle métallique
Entre le ciel et la terre.

La sécheresse

Les dernières gouttes d'eau se sont évaporées,
Mais les troupeaux viennent quand même s'abreuver.
Ils se regardent, ils n'ont pas la force d'attaquer
L'instinct les conduit encore dans ce lit asséché,
Où quelques-uns finiront par s'allonger et se coucher,
Il n'y aura pas d'agonie, ni personne pour les réveiller.

Le sol, chauffé à blanc, est comme un drap froissé
Qui se fissure comme un miroir sur un parquet ciré,
L'argile raidie s'est complètement retournée
Comme les copeaux de bois d'un rabot affûté,
Comme des morceaux de chocolat par milliers,
Ils crissent sous les pieds comme une outre éclatée.

La rivière a disparu, les carcasses se sont amoncelées,
Dans le ciel, les vautours ne cessent de tournoyer,
La table est mise, il n'est nul besoin de payer
Les squelettes qui n'ont pas été emportés,
Vont sans doute mourir une deuxième fois noyés,
Quand,
Les premières gouttes d'eau vont à nouveau tomber.

Cuisson de poterie au Sénégal

Une dizaine de pots de terre,
Se reposent sur un lit de branchages,
Comme une offrande accompagnée de prières
Pour adoucir la face d'un dieu en colère.

Pris en sandwich comme le beurre dans le pain,
On les recouvre de branches de palmiers,
Les femmes préparent ce doux festin,
L'holocauste est maintenant prêt à brûler.

La fournaise est tombée, on sort les pots,
Aujourd'hui, c'était une bonne fournée,
Les plus gros se destineront à l'eau,
Les autres, partiront pour le marché.

Brûlants comme un pain qui sort du four,
Les enfants, munis de très longs bâtons
Les séparent, un à un, tour à tour,
Avec la plus grande précaution.

Une dizaine de pots de terre,
Se reposent sur un lit de cendres,
Ils dormiront ce soir en plein air
Ensuite, le marchand pourra les revendre.

Le cimetière de Fadiouth
(Expression libre)

Sur un morceau de terre,
Se dresse une montagne de coquillages,
Des baobabs et des flamboyants rouges.
On y planta aussi des croix blanches,
Où reposent tranquillement
Chrétiens et musulmans.

Un dernier voyage sur ce qui ressemble à un navire,
Tourné à l'envers,
Trop chargé de cadavres.
Un décor saisissant à la saison sèche,
Eclatant comme le sable du désert,
Et à l'hivernage,
Une pluie de verdure
Vient recouvrir les coquillages.

La pêche à la senne
(Expression libre)

Ils tirent difficilement vers le rivage,
Un arc de cercle, une demi-lune.
Ils sont peu nombreux,
Mais la force est en eux,
Ils chantent pour oublier la fatigue ;
L'horizon paraît plus près des doigts
Mais reste toutefois insaisissable.
Le filet est presque vide,
Quelques fous s'invitent au festin,
Mais pas avant, les quelques enfants,
Venus remplir leurs petits seaux
De poissons abandonnés, ensablés,
Comme un petit gâteau sablé
A la noix de coco.

La brousse à l'hivernage
(Expression libre)

On peut entendre chanter de joie les arbres,
Et les herbes hautes,
Pousser des chants d'allégresse, à la saison des pluies.
C'est une nouvelle vie,
La résurrection d'entre les morts,
Le retour du messie,
L'espoir qui renaît.
La mare est remplie,
Sans crainte, le bétail s'éloigne des berges
Pour boire en trempant tout le corps,
Comme si les sabots des pattes
Avaient besoin d'un réconfort.

L'amour maternel
(Expression libre)

Sa mère ne porte qu'une jupe,
Et quelques colliers autour du cou.
Comme un homme, le torse nu,
Une petite fille enrhumée,
Joue avec le bout de son mamelon.
Elle se prive de tout pour elle,
Elle aura froid, mais elle, elle sera au chaud,
Elle aura faim, mais elle, elle mangera
Jusqu'à la dernière bouchée,
Jusqu'à la dernière gorgée.
L'enfant d'Afrique, a souvent, un lourd fardeau à porter,
Vivre pour voir mourir.
L'amour est un sacrifice
Que seules les mères,
Savent en payer le prix.
L'amour est comme le lait qui coule du sein,
Il coule avant les premiers cris,
Et après le dernier soupir,
Même quand il n'y a plus d'espoir,
L'amour fait vivre.

Coucher de soleil sur le lac Kariba
(Zimbabwe)

Le soleil disparaît avec la nuit,
Tandis que le feu du ciel se refroidit,
Des arbres morts qui portent des fruits :
Des oiseaux de passage pour la nuit.

Un décor de stupeur et d'horreur
Quand la brume du matin, dans la fraîcheur,
Appelle les fantômes venus d'ailleurs,
Que seules les légendes mettent à l'honneur.

Le soleil vient de tomber de l'autre coté,
Des hommes, des femmes, vont se réveiller
Par chance il ne s'est rien cassé,
La même figure depuis des années.

Il s'en va et revient, fidèlement,
Chaque jour, toujours différemment,
Pas pour longtemps, juste un petit moment,
Le temps d'une paupière, un clignement.

Chutes Victoria
(Expression libre)

La terre s'est ouverte pour s'abreuver des larmes,
Que le ciel ne peut plus contenir à trop voir les peines.
Un arc-en-ciel dans les fines gouttelettes,
Regarde s'écraser ces torrents fous,
Qui se jettent dans le vide en criant,
Et le courant, charrie leurs âmes à travers les terres
Vers les régions inhospitalières, où les nuages,
N'osent même pas montrer leurs ombres,
Pour ne point ajouter de douleur
A la crise qui frappe déjà,
Où l'eau ne se puise uniquement
Quand le puits veut bien partager
Le secret de ses entrailles.

Les hippopotames, immergés comme de gros rochers,
Ouvrent de temps en temps, leur grande gueule pour bailler,
Des oiseaux, posés sur leur dos profitent du voyage,
Des éléphants s'offrent une toilette dans les eaux plus calmes,
Tandis que, sur la berge les animaux de la brousse,
Se régalent de la végétation luxuriante,
Ils luisent au soleil comme la graisse d'Aaron.

Arrivée de la pêche à Mbour

Les bateaux arrivent comme un débarquement,
Nombreux, ils vont confier le chargement
Aux femmes, qui vont se livrer une guerre des prix,
Sur le sable blanc, la bataille est sans merci.

Les poissons frétillent et rendent le dernier souffle,
Rares sont ceux qui ont la taille d'une pantoufle,
Les chalutiers étrangers ont pillé la mer,
Trop grandes les mailles, le poisson passe au travers.

Les hommes, rassemblent leurs dernières forces
En roulant les barques sur de grosses écorces
Pour les mettre à l'abri du sel et de l'eau
Les faisant quelquefois lézarder sur le dos.

L'île de Gorée

Dans un couloir sans lumière
Qui débouche sur la mer,
Des hommes, des femmes et des enfants,
Ont laissé sur les murs saillants,
Des ongles, de la peau et du sang.

Aujourd'hui, ces murs de pierres
Versent encore, des larmes amères,
Et leurs cris sont aussi puissants,
Que les vagues sur les brisants,
S'éventrant, dans un bain de sang blanc.

Des lèvres marmonnant une prière,
Une question sans réponse se perd :
Dieu nous maudit-il maintenant ?
La foi espère fermement,
Mais le retour sera pour quand ?

Une vie sur de nouvelles terres,
Des chaînes qui traînent derrière,
Toujours à travailler aux champs,
Par toutes les saisons et les temps,
Pour deux maîtres :
La mort et l'homme blanc.

Notes :

La Maison des Esclaves, dernière des esclaveries de Gorée construite par les Hollandais en 1676, entièrement restaurée en 1990 par l'association Gorée - Fraternité avec l'aide de l'UNESCO.

Pendant trois siècles des millions de noirs de toute l'Afrique de l'Ouest ont quitté Gorée pour l'Amérique et les Antilles. Ils furent chassés, torturés et arrachés de leur sol natal pour être vendus comme de vulgaires marchandises lors du commerce triangulaire.

A Gorée, dans la Maison des Esclaves, des centaines d'hommes, femmes et enfants étaient entravés et entassés dans de minuscules et sombres cachots. Avant d'être embarqués sur un bateau en franchissant la porte du "voyage sans retour", au bout du couloir sous les escaliers en fer à cheval qui donne directement sur la mer ...

Les marchands d'esclaves Européens choisissaient les plus jeunes et les plus robustes, séparant mères et enfants.

La valeur d'un homme dépendait de son poids et de sa force, une femme de sa poitrine et un enfant de sa dentition.

Aujourd'hui,

Les murs de terre rouge chargés du sang de l'innocence,
Payent le prix de la traite, par les embruns brûlants,
Qui soufflent sur les façades tournées vers la mer,
Qui, sans peine, alimentaient le marché triangulaire
En vendant ses frères et ses sœurs,
Comme la pacotille, les tissus, la verroterie et le fer,
Dont étaient aussi chargés les négriers.

Les mineurs d' Ilakaka
(Expression libre)

Comme des fourmis charriant la nourriture,
Les hommes se déplacent sur la montagne
Sur des marches grossièrement taillées,
Ils remontent la terre avec une telle hargne,
Dans l'espoir d'oublier le poids des gravats
En tombant sur la pierre rare,
Qui donnera un autre sens à leur vie.

Les dangers ne viennent pas de la seule chute,
Bagarres, règlements de compte pour la pierre de saphir,
La fièvre bleue a contaminé la ville aux allures de Far-West.
L'Eldorado sera pour les plus chanceux,
Ceux dont la bravoure est la plus téméraire,
Comme le soleil dans son zénith,
Qui rajoute au labeur des hommes,
Un poids terrible pour esquinter
Le corps et le moral.

Petit port à Rabat
(Expression libre)

Dans le port de Rabat, des embarcations,
De toutes les couleurs, pêle-mêle,
Jonchent la mer et le sable,
Comme des pétales de fleurs, lâchés dans le vent,
Qui tombent, un peu, n'importe comment.
Les cigognes ont pris d'assaut,
Tous les minarets de la ville
Pour y déposer leur nid,
Là-haut, d'un regard espiègle,
Regardent à l'intérieur des patios,
Et des longs couloirs étroits,
Aux murs souvent blanchis,
Des jardins suspendus,
Aux fenêtres barricadées,
Des remparts contre Arsène
Finement décorés.

Le Nil
(Expression libre)

Les voiles blanches et les moteurs se croisent,
Mais la rame reste populaire sans condition.
Le désert n'est jamais loin, sur l'autre rive,
Il enfouit dans le sable, l'Exode, et les trésors
D'une ancienne civilisation.
Les felouques dansent sur les eaux calmes,
Sur les berges à l'ombre des palmes,
Une orangeraie, rehausse l'éclat de la pénombre.

Devant la vallée des rois, le vent tombe,
Les voiles s'inclinent devant les dieux endormis,
Les pharaons marquent encore le temps,
Comme le bruit d'une grosse trotteuse,
Chaque seconde, chaque jour, chaque année,
Érode le visage du Sphinx et les tombeaux
De la dynastie égyptienne.

L'Afrique du Nord

Belle femme à la peau claire,
Parfumée dans les moindres recoins de sa chair,
Vêtements somptueux, parés d'ornements,
Elle séduit les voyageurs de tout continent.
Elle les abrite pour une nuit,
Quatre à cinq étoiles au-dessus du lit,
Ils succombent à son charme,
A ses couleurs de parme,
Pour revenir une nouvelle fois,
Pour y rester à tout jamais.

Ses villes, parées de lampes électriques,
Ses façades, incrustées de mosaïques,
Il n'y a que la chaleur et le désert,
Pour rappeler, qu'après la frontière
Sa sœur oubliée, se meurt dans la misère.
Tout le monde veut fuir la guerre,
Pourtant, elle est belle, la peau ébène,
On ne se donne pas tant de peine,
Pour l'arracher à la promiscuité.
Les lits sont durs malgré les myriades d'étoiles,
Les voyageurs ne reviennent pas, même si les toiles,
Sont plus chaleureuses et colorées
Même si les légumes, sont fraîchement récoltés.

Remarque :

Lorsqu'on parle de la Libye du Maroc de l'Egypte et L'Algérie, on oublie vite que ces pays font aussi partie de l'Afrique.

Le Cap

Le bout d'un monde sublime,
Où les monstres des abîmes,
Viennent côtoyer la civilisation,
Souvent, sans faire attention
Les baleines s'échouent sur le rivage
Sans que l'on puisse les sauver du naufrage.

Leur chant, si puissant,
Semble calmer les rouleaux surpuissants,
Qui se fracassent brutalement,
En écumant un blanc éclatant
Contre les pierres qui protègent la terre,
Contre les furies de la mer.

Un vrai spectacle, un vrai ballet,
Sur la cime de leur rocher
Les otaries, semblent se régaler,
Ou est-ce la crainte de plonger ?
Elles savent qu'il n'y a aucun danger
C'est de l'orque dont il faut se méfier.

Apartheid
(Expression libre)

Si tu es fatigué reste debout.
Même si la chaise est vide,
C'est la place du blanc
Tu ne dois pas t'asseoir.
Quand il n'y a pas de place pour le blanc,
Tu te lèveras,
Dans le bus commun,
A l'arrière, tu t'assiéras,
Toutes les dix minutes le blanc aura un bus,
Toi, toutes les trente minutes,
A ton arrêt spécial tu attendras.

Mon cinéma, pour mes yeux,
Mon restaurant, pour mon palais,
Mon hôtel, pour mon confort,
Mes plages, pour ma détente,
Mes toilettes publiques pour mon plaisir,
Alors respecte ton camp,
Mes carreaux sont blancs
Tu n'y entreras point.

Il vaut mieux que tu aies une bonne vue
Ou que tu saches déchiffrer une phrase.
Tu n'es pas suffisamment intelligent pour apprendre
Mais suffisamment bête pour comprendre,

Qu'il te faut faire le contraire
De ce que tu penses être bien,
De tout ce que tu sais faire.
C'était la farandole des pancartes,
Comme une mauvaise herbe qui poussait partout :

"Europeans only – Non-Europeans Only
Net blankes – Net nie- blankes
For use by white persons"

Plus nombreuses que les panneaux de la ville.

Ton enfant et le mien n'iront pas à la même école,
C'est le début de l'éducation *Bantoue**.

Plus de terre pour les moins nombreux,
Un lopin pour la multitude,
Escaliers blancs, escaliers noirs,
Cette histoire, ce crime,
Un jeu, un échec et mat,
Un produit : la haine et le racisme,
Pour deux couleurs,
Qui n'ont toujours pas enterré
La hache de guerre,
Pour fumer, ensemble,
Le calumet de la paix.

*Voir la note qui suit

Notes :

Données historiques et apartheid

De façon générale, l'histoire de l'Afrique du Sud a été écrite pour l'éducation de la minorité blanche. C'est pourquoi elle commence traditionnellement à partir de la colonisation du pays par les Européens au XVIIe siècle. Cela dit, les découvertes des anthropologues ont permis d'établir que l'occupation humaine de l'Afrique du Sud évidemment est très ancienne. Ainsi, en 1924, un australopithèque, appelé l'«enfant de Taung» et daté de plus d'un million d'années, fut découvert au nord de Kimberley. Plus récemment, la datation d'un fossile trouvé dans les grottes de Sterkfontein, dans le Transvaal, a permis de déterminer que les premiers australopithèques sont apparus il y a environ 3,6 millions d'années. Des populations de chasseurs et de cueilleurs sont les auteurs des peintures rupestres remontant à plus de 1500 ans avant notre ère, et qui pourraient être les ancêtres des Bochimans.

Vers le Xe siècle de notre ère, les pasteurs bochimans sont arrivés du centre du continent. Ils ont été suivis peu après par les premiers groupes bantous. Entre les XIIe et XVe siècles, les Bochimans furent repoussés ou réduits en servitude par les Bantous qui les appelèrent «Hottentots». La résistance qu'ils entreprirent face à leurs envahisseurs fut vaine.

1 La colonisation hollandaise

C'est un Portugais du nom de Bartolomeu Dias qui semble avoir été le premier Européen à avoir contourné l'Afrique, en 1488, et à avoir dépassé le cap de Bonne-Espérance. Dix ans plus tard, un autre Portugais plus connu celui-là, soit Vasco de Gama, aborda les côtes du Natal en Afrique du Sud. Mais les Portugais ne colonisèrent jamais l'Afrique du Sud.

En fait, ce sont les Hollandais qui furent à l'origine du premier établissement européen. C'est en avril 1652 que la Compagnie hollandaise des Indes orientales installa au Cap un comptoir commercial destiné à assurer un relais sur la route des Indes orientales. Des fermiers hollandais appelés *Boers* (signifiant «paysans» en néerlandais et se prononçant alors [bour]) rejoignirent les employés de la Compagnie hollandaise des Indes orientales. À cette époque, le territoire devait être peu peuplé : on y trouvait des peuples khoïsans (Hottentots et Bochimans), des nomades qui ne cultivaient pas le sol. La colonie hollandaise se développa rapidement, car les Boers cultivèrent les terres de la région avec succès.

Après la révocation de l'édit de Nantes de 1685 en France, quelque 200 familles françaises de religion protestante, les huguenots, s'installèrent en Afrique du Sud à côté des Boers. Évidemment, l'occupation des terres par les Européens provoqua de violents affrontements avec les Hottentots, qui furent refoulés ou réduits en esclavage. Dès la fin du XVIIe siècle, la colonie hollandaise du Cap fit appel à des esclaves venus du golfe de Guinée, de Madagascar, d'Angola et de Java. Le métissage semble avoir été une pratique courante entre Blancs et Africains, tandis que la ségrégation raciale n'était pas encore répandue.

Plus tard, au cours des années 1770, les colons européens, qui avaient toujours besoin de nouvelles terres, se heurtèrent aux Bantous. De 1779 à 1780, une première guerre entre les *Trekboers*, des paysans hollandais migrant vers l'intérieur du pays, et les *cafres* (les Bantous) eut lieu. Petit à petit, il se forma un particularisme afrikaner, avec l'élaboration d'une langue spécifique, l'afrikaans (une langue germanique), et la constitution d'un système de valeurs propres à ces paysans colonisateurs, calvinistes austères, confrontés à un environnement rigoureux, à des populations autochtones hostiles, et à des conflits avec les Britanniques. Soulignons que l'afrikaans provient d'une variété dialectale du néerlandais parlé dans le sud de la Hollande; il fut adapté par les colons hollandais en Afrique du Sud à partir du milieu du XVIIe siècle. L'afrikaans se distingue du néerlandais par son système phonologique particulier résultant de son histoire et de son implantation géographique, par ses emprunts à l'anglais, au français, à l'allemand et aux langues africaines, et par certaines spécificités grammaticales.

Finalement, les guerres cafres ne prirent fin qu'à la fin du XIXe siècle avec la défaite des Zoulous bantous, car ceux-ci se firent la guerre entre eux, ce qui conduisit les groupes plus faibles au refoulement et en une fragmentation des groupes bantous en un grand nombre de nations, appelés *Mfecane* («écrasement»).

2 La colonisation britannique

À partir de la fin du XVIIIe siècle, des missionnaires britanniques, la Société missionnaire de Londres (*London Misionary Society*), s'étaient installés au Cap et travaillaient à l'évangélisation des peuples khoïsans et bantous. Mais les Boers se méfiaient des Britanniques. Quelques années plus tard, lors du traité de Paris de 1814, la Grande-Bretagne acquit officiellement la colonie du Cap, qui devint britannique. Par la suite, surtout après 1820, des milliers de colons anglais débarquèrent dans la **colonie du Cap**. En 1822, l'anglais devint la langue officielle de la colonie, ce qui suscita la colère des Boers qui se réfugièrent dans leur particularisme linguistique : l'afrikaans. Ils voulurent également préserver leurs coutumes et leur religion calviniste. Les différences culturelles et linguistiques opposèrent Boers et Anglais, sans parler de la concurrence pour les terres.

Les Boers se crurent enfin à l'abri des Britanniques, mais la découverte de gisements de diamants dans le Transvaal en 1867 relança l'expansionnisme anglais, encouragé par le financier Cecil de Rhodes. De plus, les Zoulous en révolte étaient redevenus un danger pour les Boers. En 1877, les Anglais en profitèrent pour annexer la république du Transvaal, qui se résigna. Après que l'empire zoulou eut été définitivement détruit par les Britanniques en 1879, les Boers tentèrent de reconquérir leur indépendance en 1880. La première guerre anglo-boer s'acheva par la sévère défaite des Britanniques à Majuba Hill en 1881. Deux ans plus tard, Paul Kruger fut élu président de la république boer indépendante du Transvaal.

3 La guerre des Boers

Comme par hasard, la découverte en 1886 de vastes gisements aurifères dans le sud du Transvaal coïncida avec l'occupation de l'Afrique du Sud-Ouest (l'actuelle Namibie) par les Allemands. Comme l'exploitation de l'or était financée par les Britanniques, des milliers de mineurs britanniques, appelés *Uitlanders* (en afrikaans : «étrangers») par les Boers, vinrent s'installer au Transvaal.

Le Royaume-Uni fit échouer en 1890 le projet de Paul Kruger, le président de la république du Transvaal, de prendre le contrôle du *Bechuanaland* (devenu depuis le Botswana). Kruger refusa d'attribuer l'égalité des droits aux *Uitlanders* et imposa de lourdes taxes aux sociétés étrangères (britanniques et allemandes).

En réaction, les Britanniques tentèrent en 1895 sans succès une nouvelle expédition militaire contre la république du Transvaal. Comme on pouvait s'y attendre, les relations entre la colonie britannique du Cap et les républiques boers (Transvaal et Orange) se dégradèrent davantage. En octobre 1899, le président Kruger déclara la guerre aux Britanniques qui ouvrirent des camps de «concentration» (un terme alors utilisé pour la première fois) où ils enfermèrent les femmes et les enfants boers dans des conditions particulièrement pénibles. Mais la guerre des Boers se prolongea jusqu'en mai 1902, alors que le Royaume-Uni, après avoir mis des forces énormes dans la guerre, conquit les deux républiques boers qui durent s'avouer vaincues.

Par le **traité de Vereeniging**, signé le 31 mai 1902, le Transvaal et l'État libre d'Orange devenaient des colonies britanniques. En compensation, le gouvernement britannique accorda aux Boers un gouvernement autonome, autorisait l'usage de l'afrikaans dans les écoles et les cours de justice, et versait trois millions de livres pour la reconstruction du pays.

Les nouveaux maîtres du pays ne pouvaient accepter d'associer les Noirs à la gestion du pays. On créa aussitôt les premières «réserves» pour les Noirs, qui occupaient 7 % du territoire, même s'ils représentaient les deux tiers de la population du pays. Peu de temps après, les élites noires créèrent le premier parti bantou qui allait devenir en 1923 le *Congrès national africain* (l'*African National Congress*: ANC). Le Parlement blanc, qui avait adopté en 1911 une première loi de ségrégation interdisant aux non-Blancs les emplois spécialisés, adopta en 1913 *Loi sur la propriété foncière indigène* (*Native Lands Act*), qui réservait à la minorité blanche 93 % des territoires de l'Union.

En même temps, lord Milner, le Haut Commissaire britannique chargé d'administrer les républiques boers vaincues, institua tout d'abord à l'intention des Blancs de langue afrikaans une politique d'anglicisation forcée sur l'ensemble du territoire de ce qui allait devenir l'Union sud-africaine (1910). Cette politique fut appelée par les Afrikaners le ***milnérisme***, du nom de celui qui l'avait imposée. Évidemment, cette politique d'anglicisation contribua à exacerber le nationalisme afrikaner, lequel se traduira plus tard par le système de l'apartheid. Néanmoins, c'est d'abord au plan linguistique que se cristallisa l'identité de la «communauté afrikaner», les Sud-africains blancs de langue afrikaans. En contrepartie, le milnérisme a confirmé la petite classe de race noire des enseignants, des prédicateurs, des interprètes, des employés et des membres des professions libérales dans sa croyance que la maîtrise de l'anglais constituait un passeport pour leur promotion sociale et économique. D'ailleurs, le président de l'*African People's Organisation* (APO), Abdullah Abdurahman (un Noir), posait la question de la langue nationale en opposant l'anglais et l'afrikaans, tout en omettant les langues africaines parlées par plus de 75 % de la population:

Comme il était courant à l'époque, on croyait que les Noirs étaient disposés à conserver leur langue maternelle dans «un contexte familial», voire «communautaire» ou «religieux», mais ces langues ne pouvaient pas devenir des langues de pouvoir. Blancs, Noirs et Métis étaient d'accord là-dessus.

En réalité, seuls les missionnaires, au cours de la période de l'occupation britannique, ont tenté d'étudier et de codifier les langues indigènes pour servir les fins de l'Empire. Pour ces missionnaires, l'objectif principal était de transcrire les langues des groupes nguni et sotho afin d'accélérer le rythme des conversions des «païens». L'autre objectif en matière de langue était d'enseigner l'anglais et la culture britannique à l'élite missionnaire faite de collaborateurs africains.

4 L'essor du nationalisme afrikaner

Lors du déclenchement de la Première Guerre mondiale, le premier ministre de l'Union sud-africaine, Louis Botha, engagea le pays aux côtés de la Grande-Bretagne et des Alliés. En 1915, les troupes sud-africaines occupèrent le Sud-Ouest africain allemand, sur lequel l'Union obtint en 1920 un mandat de la Société des Nations. À partir de ce moment, les Afrikaners décidèrent de se démarquer des Anglais. La langue afrikaans s'imposa peu à peu dans la presse, les écoles et les églises et, en 1925, elle remplaça officiellement le néerlandais dans la langue écrite. La même année, l'afrikaans devint la «première langue officielle», l'anglais demeurant la seconde. Dans les années qui suivirent, les Afrikaners rendirent disponibles de vastes ressources matérielles pour développer le corpus de l'afrikaans afin d'assurer son emploi dans tous les domaines publics ainsi qu'en éducation. Son statut constitutionnel lui avait garanti l'égalité avec l'anglais, et l'afrikaans est alors devenu la langue dont le développement fut parmi le plus rapide du monde. Dans le contexte sud-africain, il faut reconnaître que l'afrikaans a réussi à freiner la puissance de l'anglais et même à augmenter ses propres gains.

Les Britanniques instituèrent et renforcèrent la ségrégation raciale: instauration d'un passeport restreignant la liberté de circulation des Noirs, interdiction des Noirs de résider dans les zones habitées par les Blancs et d'avoir des rapports sexuels hors mariage entre «races» différentes, etc. En 1931, le statut de Westminster accorda à l'Union sud-africaine la pleine souveraineté au sein du Commonwealth.

Au cours de cette période, les pratiques en matière d'enseignement des langues étaient des plus simples. Les langues étaient utilisées dans la phase initiale d'alphabétisation en vue d'accélérer et de favoriser la transition vers l'anglais ou parfois vers l'afrikaans. Généralement, aucun effort ne fut entrepris pour maintenir ou développer une quelconque connaissance des langues africaines.

4.1 La politique d'apartheid

Afin de séduire un électorat anglophone conservateur, Daniel F. Malan, dirigeant du Parti national rénové, élabora un programme fondé sur le concept d'apartheid («développement séparé»). Vainqueur aux élections de 1948, il érigea en système la ségrégation raciale qui prévalait depuis la fondation de l'Union et enleva aux Métis du Cap leur droit d'élection. Destinée en réalité à préserver la suprématie blanche, l'apartheid prétendait assurer aux différents groupes ethniques une identité et une existence propres, au sein d'«ensembles nationaux autonomes» (les *Homelands*), appelés aussi **bantoustans**.

C'est en 1950 qu'une classification raciale fut instaurée. Elle séparait les Sud-Africains en trois catégories : les

Blancs, les Métis et les Noirs. Par la suite, une quatrième catégorie, celle des Indiens (Asiatiques), s'y ajouta. Les mariages interraciaux furent interdits et, la même année, la *Group Area Act* définit des lieux de résidences obligatoires pour chacun des groupes en fonction de la couleur de leur peau. En 1953, la *Separate Amenities Act* implantait la séparation des lieux publics (plages, écoles, cliniques sanitaires, transports publics, toilettes, etc.). Les Noirs furent dans l'obligation de porter sur eux le laissez-passer (la fameuse *pass*), un document attestant leur identité et leur lieu de résidence.

Après 1954, les successeurs de Daniel F. Malan poussèrent davantage la politique d'apartheid. Des *Homelands* ou bantoustans, régions autonomes fragmentées en plusieurs parcelles habitées par les Bantous, furent créés, par une série de lois adoptées entre 1959 et 1971. De façon fort prétentieuse, les bantoustans furent affublés du titre d'«État» où les Noirs avaient le droit à leur territoire pour gérer leurs affaires, le droit de pratiquer leur langue et leur culture, comme ils l'entendaient. En fait, le système consistait à enfermer les différents groupes bantous derrière des frontières ethniques fondées sur la langue, avec l'espoir que les minuscules pouvoirs accordés aux «gouvernements locaux» des bantoustans suscitent des rivalités politiques. La concession de parcelles de leurs anciens territoires (13 % de la superficie du pays) aux Noirs, dont la croissance démographique ne manquait pas d'inquiéter la minorité blanche, garantit théoriquement l'existence de l'État sud-africain blanc.

Finalement, la plupart des Noirs en vinrent à entretenir une véritable haine de l'afrikaans devenu la «langue de l'oppresseur». En revanche, l'anglais devint la «langue de la libération», gagnant rapidement du terrain auprès des majorités noires opprimées. De leur côté, les langues africaines demeuraient confinées aux domaines de la vie quotidienne informelle et communautaire.

Le 31 mai 1961, l'Union sud-africaine devint officiellement la **République sud-africaine**. En juin 1964, le Conseil de sécurité de l'ONU condamnait l'apartheid et ordonnait l'étude de sanctions contre la République.

4.2 L'éducation sous l'apartheid

En 1953, l'Afrique du Sud adoptait la *Loi sur l'éducation bantoue* de 1953 (*Bantu Education Act of 1953*). Cette loi codifiait plusieurs aspects du régime d'apartheid. La principale mesure consistait à séparer tous les établissements d'enseignement.

La politique de l'éducation bantoue avait pour objectif de former les jeunes Noirs et les Métis à un marché du travail non qualifié et assurer la seule prospérité aux Blancs et le contrôle total des Sud-Africains. L'auteur de la législation, Hendrik Verwoerd, alors ministre chargé des Affaires indigènes, a lui-même déclaré que son objectif principal était d'empêcher les Africains de recevoir une instruction qui les pousserait à aspirer aux postes enviés dans la société. La loi prévoyait de 1953 trois types d'écoles : les écoles des collectivités bantoues, les écoles publiques bantoues et les écoles des missionnaires. Il était interdit de fonder une école sans que celle-ci ne soit enregistrée auprès de l'État. La méconnaissance des dispositions législatives constituait une infraction pénale. Seuls les membres de l'Église catholique, de l'Église des Adventistes du Septième Jour et de la Congrégation pour la Réforme juive unie ont pu poursuivre leur éducation auprès des Noirs en puisant dans leurs propres ressources financières.

Dans les écoles bantoues, les jeunes Noirs recevaient une instruction dans leur langue maternelle, mais l'enseignement demeurait limité à la langue maternelle et à l'agriculture pour les garçons, à la couture et au tricot pour les filles. On voulait faire des enfants de futurs fermiers sans aucune connaissance des mathématiques ou des sciences, et sachant à peine lire. L'enseignement destiné aux Noirs était différent de celui des Blancs et de moindre qualité, c'est-à-dire «à rabais». En 1956, la ségrégation scolaire s'appliquait aux universités qui furent déclarées «tribales».

Évidemment, des organisations politiques noires réagirent avec la colère à la nouvelle loi. Des milliers de parents ont préféré voir leurs enfants errer dans la rue plutôt qu'être soumis à l'éducation bantoue. Les salaires des enseignants noirs étaient extrêmement bas à tel point que la profession accusait une grave pénurie après quelques années. L'ANC et d'autres partis politiques ont alors suggéré que soient fondées des écoles privées, mais les autorités restèrent muettes et obligèrent toutes les écoles à respecter la *Loi sur l'éducation bantoue*. Dès

1956, tous les jeunes Noirs durent fréquenter les écoles bantoues.

Dans les écoles blanches, la politique en éducation mise en place par les nationalistes consistait à «afrikanériser» l'Afrique du Sud, c'est-à-dire à remplacer la dominance de l'anglais par celle de la langue et de la culture afrikaans. Cette politique allait échouer lamentablement, car les locuteurs de l'anglais ne se sont pas laissés faire.

Parallèlement, divers comités linguistiques ("Language Board") furent prévus dans les bantoustans (ou homelands) afin de présenter les langues africaines de façon à soulever leurs différences et leurs spécificités, et de témoigner de leurs traditions... passéistes. Les Noirs sud-africains se trouvèrent ainsi confinés dans une séparation ethnique basée sur la langue devenue un ghetto. On croyait que l'usage de certaines langues bantoues «normalisées» pouvait être utile dans un processus de «retribalisation» ou d'«ethnicisation» du peuple sud-africain.

La plupart des membres de l'élite politique et culturelle anglophile s'opposèrent à cette politique d'enseignement en langue bantoue parce qu'ils y ont vu une façon de diviser pour régner; ils croyaient également qu'une véritable instruction ne pouvait s'acquérir que par l'anglais. Quoi qu'il en soit, les résultats obtenus par ces écoles noires furent catastrophiques, d'autant plus que les programmes d'études étaient de qualité nettement inférieure à ceux des Blancs. En résumé, les politiques linguistiques de l'époque coloniale et de l'apartheid ont imposé aux populations indigènes à apprendre le néerlandais, l'anglais et, plus tard, l'afrikaans; par conséquent, ces politiques ont volontairement négligé les langues sud-africaines.

4.3 La lutte contre l'apartheid

Évidemment, plusieurs mouvements sud-africains luttaient depuis longtemps contre l'apartheid. Les différents partis se radicalisèrent et la police se mit à réprimer violemment les manifestations anti-apartheid. Même les dirigeants du Congrès national africain (l'African National Congress: ANC) entrèrent dans la clandestinité et choisirent de recourir à la lutte armée. En 1961, Nelson Mandela de l'ANC créait l'Umkhonto We Siswe («la lance de la Nation»), une sorte de «bras armé» du Congrès national africain. Mandela fut arrêté en août 1963 et condamné à la prison à vie en 1964. Les dirigeants des principaux mouvements anti-apartheid quittèrent massivement le pays. En 1975, l'Angola et le Mozambique accédèrent à l'indépendance et les deux États, soutenus par l'Union soviétique, épaulèrent les organisations opposées au régime sud-africain. Ils permirent l'organisation sur leur territoire de camps d'entraînement à la lutte armée.

En 1975-1976, le ministère de l'Éducation bantoue décida d'imposer l'afrikaans et l'anglais à égalité de traitement comme langues d'enseignement dans le cycle du primaire et le premier cycle du secondaire pour les élèves noirs. Ce fut la goutte d'eau qui a fait déborder le vase. Le mois de juin 1976 marqua le commencement des émeutes qui se prolongèrent jusqu'en févier 1977. Le tout avait débuté par une manifestation d'écoliers de Soweto protestant contre l'apprentissage obligatoire de l'afrikaans. Les forces policières avaient rudement réprimé les enfants, mais la répression étendit la contestation à l'ensemble du pays, alors que la communauté internationale condamnait de plus en plus ouvertement le régime sud-africain. Après le soulèvement des étudiants en 1976, les autorités durent limiter la durée de l'enseignement en langue maternelle aux trois ou quatre premières années du cycle primaire. Dans les faits, l'enseignement en afrikaans disparut de toutes les écoles scolarisant des élèves noirs, bien que l'État soit tenu de maintenir cette langue de par son statut de langue officielle. Curieusement, toutes les organisations politiques noires avaient comme seul objectif de mettre un terme à l'oppression et à l'inégalité raciale.

Par voie de conséquence, les questions d'ordre ethnique, culturel et linguistique passèrent au second plan. Parallèlement, les langues indigènes n'acquirent pas un statut suffisamment important pour convaincre les Sud-Africains que leur maîtrise pourrait apporter un certain bénéfice matériel ou social en dehors de la vie communautaire. C'est Neville Alexander (*Politique linguistique éducative et identités nationales et infranationales en Afrique du Sud*) qui résume le mieux les résultats de la politique linguistique mise en oeuvre au cours des quatre-vingt-dix ans de domination blanche :

Évidemment, au cours de cette longue période, les pratiques en matière d'enseignement des langues ont été négatives à l'égard des langues indigènes. Ces langues étaient utilisées seulement dans la phase initiale de l'alphabétisation afin d'accélérer et de faciliter la transition vers l'anglais, voire de l'afrikaans. Ainsi, aucun effort n'a jamais été entrepris pour maintenir ou développer la connaissance des langues sud-africaines.

5 L'instauration de l'Afrique du Sud (1996) et la politique de multilinguisme

En 1977, le gouvernement sud-africain commença une politique d'«ouverture» à l'égard des Métis et des Indiens afin de contrebalancer le poids des Noirs. Ainsi, la nouvelle Constitution de 1984 permettait aux Métis et aux Indiens d'être dorénavant représentés au Parlement. Toutefois, ce début d'«ouverture» fut ressenti comme une profonde injustice par les Noirs. Les contestations et les émeutes devinrent meurtrières dans les ghettos noirs. En 1984, une vaste campagne de manifestations contre le gouvernement de **Pieter Botha** couvrit tout le pays pendant que l'archevêque anglican **Desmond Tutu**, un Noir, recevait le prix Nobel de la paix. En août 1985, le président Botha se résolut à supprimer un certain nombre d'éléments du système de ségrégation, tels que le passeport intérieur et l'interdiction des mariages mixtes. Or, le Front démocratique uni et le Congrès national africain exigeaient la création d'une «société multiraciale unie», fondée sur la démocratie.

Finalement, en février 1990, les organisations anti-apartheid furent autorisées. Le Congrès national africain renonça à la lutte armée et **Nelson Mandela** fut libéré.

Par la suite, un accord fut trouvé, le 13 novembre 1993, qui prévoyait l'instauration d'une Afrique du Sud multiraciale, unie et démocratique. En 1991, la fameuse *Loi sur l'éducation bantoue* de 1953 fut abrogée.

Des dispositions supplémentaires énoncent aussi que les langues rares parlées par les Khoï, les Nama et les San, des occupants d'origine de l'arrière-pays du Cap, doivent être promues, et que des conditions favorables à leur usage doivent être mises en place. D'autres langues doivent également être protégées, car elles sont utilisées par des communautés participant à la diversité du pays ou à des fins religieuses: l'allemand, le grec, le gujarat, l'hindi, le portugais, le tamoul, le télougou et l'ourdou, ainsi que l'arabe, l'hébreu et le sanskrit.

Malgré l'accession au pouvoir de la majorité noire, les inégalités sociales persistèrent. Une nouvelle loi sur l'éducation obligeant les écoles à accueillir les élèves noirs fut adoptée en 1996, mais les différences sociales créèrent des tensions raciales entre les élèves. La volonté gouvernementale de corriger les maux de l'apartheid en faveur des Noirs par l'établissement de quotas raciaux dans les établissements publics inspirés de l'affirmative action américaine (discrimination positive), fut critiquée par les Blancs. Les élections parlementaires du 2 juin 1999 confirmèrent la mainmise du Congrès national africain (ANC) dans la politique sud-africaine (66,3 % des suffrages grâce à un taux de participation de 90 %). Nelson Mandela abandonna sa fonction à la présidence de la République. En février 2000, quatre nouvelles lois renforçant la Constitution sur l'égalité et la prévention des discriminations entrèrent en vigueur. Vivement critiquées par l'opposition, ces lois furent présentées par le président comme la dernière étape de la mise en place du système judiciaire post-apartheid.

Enfin, en 2005, tandis que l'insatisfaction augmente dans les bidonvilles et que des manifestants invectivent les autorités nationales et provinciales, celles-ci accusées d'incompétence et de corruption, le Congrès national africain trouve une solution en renommant la toponymie et en imposant des dénominations d'origine africaine, et ce, par centaines, avec le résultat que tout le monde est perdu. Terni par des affaires de corruption et affaibli par des dissensions internes, l'ANC n'en continue pas moins de dominer la scène politique sud-africaine.

LECLERC, Jacques. «**Données historiques et apartheid**» (http://www.tlfq.ulaval.ca/axl/afrique/afriquesud-2Hst.htm) (25 décembre 2009), 51,0 Ko.

Le rêve bleu

Le soleil se lève, il faut scruter l'horizon,
La radio, sans cesse épie les conversations,
Mais rien, juste un poisson frit pris dans les antennes,
 Un grésillement, qui laisse la chance incertaine.

A chaque bruit de moteur le rideau est tiré,
Sous la bâche bleue on ne peut plus respirer,
Dieu, lui, ferme les yeux, mais les pilotes eux,
Accrochés au manche et la radio, passent aux aveux.

Il suffit d'une lame, et le rêve bleu,
Comme une ancre sans chaîne ne peut,
Trouver mieux que le fond de l'océan
Pour s'écraser rapidement et rouiller lentement.

Terre en vue ! Mais le ciel ne sera pas clément,
Ils viennent tous de perdre leur argent,
Des femmes avec leurs enfants se jettent à la mer,
Elles préfèrent mourir, que retourner à la misère.

Il fallait tenter le coup, même si le rafiot est vieux,
Dans ces cas là, la chance est souvent un destin malicieux,
Un bateau, chargé à craquer, prêt à couler,
Des hommes, toujours prisonniers
D'un rêve qui ne cesse de les tourmenter.

Safari

Le paysage défile comme un rêve coloré,
Dans nos yeux écarquillés remplis de poussière,
Un troupeau nous dépasse sans difficulté,
Son galop, si rapide nous ramène en arrière.

Deux girafes majestueusement élancées,
Dépassent la cime de certains arbres,
De loin, elles peuvent voir venir le danger,
La paire, toujours fidèle, tachée de marbre.

L'oryx enfile son masque de super héros,
Mais pour l'instant il prend un peu de repos.
Les antilopes sont d'une extrême beauté
Comme ce tout et ce rien, ensemble, juxtaposés.

Un lion s'offre un peu d'intimité,
En aiguisant ses canines acérées,
Sur une carcasse abandonnée,
Derrière un buisson tout desséché.

Une hyène, prudente, l'observe au loin,
Elle ne s'approchera pas davantage,
Pour elle, il n'y aura aucun partage,
Elle trouvera quelques restes pour la faim.

Des zèbres, dans leur collant de compétition,
Observent la scène avec précaution,
Ils pourront brouter sans faire attention,
Les prédateurs ont déjà leur pleine ration.

Une grue couronnée arbore sa parure,
Allègrement, sur ses grandes pattes noires ;
Un vervet en robe blanche, la face obscure,
Étale dans les branches sa petite nature.

Des autruches voulant jouer à cache-cache,
Un jeu perdu d'avance, leurs longues jambes charnues,
Les montent en échasse comme une grande grue,
La brousse est trop courte pour une grosse tâche.

Qui osera affronter le rhinocéros,
Quand il martèle le sol dans sa lourde cuirasse ?
Son armure est de fer, il brandit toujours l'épée
Finement aiguisée, par tant de combats gagnés.

La savane est immense, l'espace est infini,
La survie, est parfois, une lutte sans merci,
Pour une fois nous nous sentons tout petits,
Des souvenirs, des larmes, du charme, des cris.

Combien de temps cela va-t-il durer ?
Quand saurions-nous finalement apprécier ?
Quand est-ce que l'amour et non les billets,

Nous fera aimer le voyage en toute vérité ?

Un jour, ce sera le dernier, les jeeps garées,
Le fuel consommé pour allumer les brasiers,
La poussière sur le cuir qui ne veut pas s'user,
La peinture ne tient plus sur le fer rouillé,
Trop tard, nous avons laissé la mort l'emporter,
Seul, le vent pleure dans les vallées asséchées.

Le dernier safari est longtemps annoncé.

Biographie :

Né en 1975, issu d'une famille modeste, à l'âge de 6 ans il quitte l'île de Saint-Martin (FWI) sa terre natale pour la Guadeloupe où vit son père agriculteur. Il connaît le labeur des champs (le métier même des esclaves : cannes bétails etc...), ce n'est que plus tard qu'il comprendra que l'héritage de son père est celui de son grand-père qui le détient lui-même de son arrière grand-père, le détenant lui aussi de son aïeul pour finir là où tout a commencé : la colonisation. Il va vite apprendre que la vie se gagne durement et que ce que l'on possède déjà a beaucoup de valeur (….).
Il participe à des petits rencontres poétique, Kala-Pani, son premier ouvrage sera écrit en 2003 (édité en novembre 2009) suite à un concours lancé par le Conseil Général de la Guadeloupe dont l'objectif est :
d'encourager la création littéraire afin d'enrichir le répertoire des œuvres théâtrales, permettre l'éclosion de nouveaux talents et présenter une œuvre originale au festival de théâtre d'Avignon en juillet 2004 (la pièce primée étant destinée à servir à un travail de création).
Il écrit vite mais il est très rigoureux et exigent. Il a le souci d'abord de plaire à son lecteur. Chaque phrase devrait être une suite de plaisirs. Dans un de ses poèmes les Mots il déclare :
« Les mots peuvent faire de nous
Un tout.
Ils ont fait de moi un poète
De vous,
Des hommes friands de lettres ».
…/….

Du même auteur :

Kala-Pani, La malédiction des flots, éditions Bod
Novembre 2009   68 pages

    Comédie théâtrale dramatique (arrivée des Indiens en Guadeloupe)

Prestataires de correction :

@-secrétariat
Route de l'Observatoire
43770 CHADRAC

Téléphone : 09 64 11 57 58
Télécopie : 04 71 57 45 08

Courriel : contact@arobase-secretariat.com
Site Internet : http://www.arobase-secretariat.com

ℰℛ

Comme au bureau...

Nathalie GONZALES - Adresse postale : 118 rue André Bollier - 69007 LYON

Tél : 06.10.21.19.35 - Fax : 04.69.96.25.19 - Mail : contactcommeaubureau@free.fr

La conscience est le témoin de l'homme,
L'avocat de la vie et le juge de nos actions.
Comme la flamme dans la tempête de neige,
Ne l'éteignons pas,
Nous avons besoin de son signe, de sa voix,
et nos cœurs, de son élan de générosité,

Georges COCKS

© 2010, COCKS Georges

Dépôt légal : Janvier 2010

Editeur : Books on Demand, 12-14 rond point des Champs Elysées, 75008 Paris

Impression : Books on Demand GmbH, Allemagne

ISBN : 9782810616978